大丈夫、なんとかなる

上森 義美

はじめに

「強くなければ生きていけない、優しくなければ生きていく資格がない」

米国人作家レイモンド・チャンドラーが執筆した小説の中の主人公が述べた言葉です。この年齢になった今、これほど心に響く言葉を知りません。

有名なアメリカの作家が晩年残した言葉「自分の生涯で悔むことがあるとすれば、それは私が優しくなかったことだ」も強く印象に残っています。

やさしさの根本は一体なんなのでしょうか、人によって表現が異なると思います。有名な女性作家であり尼さんとなられた方は、それを「愛すること」と述べておられます。あるいは「相手の身になって考えること」と言えるかもしれません。突き詰めると、「身近で接する人をあるがままに受け入れること」とも言えるのではないでしょうか、自分は受け入れてもらっているという安心感ほど、その人にとって幸せを感じることはないからです。それはやさしさの持つ不思議で偉大な力です。

強くなければ生きていけない、これはすべての人に課せられた課題です。人は幼くして学び、成人して実業につき、結婚してからは家族を大事にし、ほんの少し自分なりに社会に尽くし、人生を終えます。強くならなければできないことです。私の人生を振り返えると、青年時代は経済的自立を目指して励み、長じて一家を構え、子育てに精進し、強く生きることに力のすべてを注いできたと言えるでしょう。

「やさしさ」には強さがあると言われますが、逆に強いこともやさしさに通じます。真の意味で強い人は、他人に優しく振舞うことができると思います。強いという事は、自分自身の弱い心や、自分に立ち向かってくる厳しい環境や敵に対して強いのであって、自分の周囲の人や味方には優しく振舞う事のできる人だと思います。

では、強く生きるにはどうしたら良いか、多くの人に問われている課題であります。これまで90年近く、凡人として生きてきた経験から感じたことを、10節に分け、私なりの言葉で語ってみようと思います。

目次

はじめに……2
第一節　自分で考え決定する習慣と責任感……9
第二節　サラリーマン人生……15
第三節　実行力、決断力、判断力について……41
第四節　時間をうまく管理しましょう……61
第五節　幸運とひらめきを逃さない……71
第六節　素直であること――松下幸之助著、『道をひらく』から……89

第七節　友人を大切に……95
第八節　強く生きるための原動力……103
第九節　何とかなる、人生いたるところ青山あり……115
第十節　一隅を照らす……125
番外編……129
あとがき……157

第一節　自分で考え決定する習慣と責任感

強くなるための第一節で「自分で考えて決定する習慣と責任感」を身に付けることを、お勧めします。私達人間は1人の成人した人間として生きていくためには、自分で考え、決断し、実行することが大切です。親の庇護下で生活している幼年時代は、通常親の決定に従うのもですが、少年期から青年期にかけ徐々に自分で考え実行するようになります。この時期は、親の考えが強く反映される時期から、段々子供本人の考えが強く反映される時期に進む移行期、と呼べるでしょう。そして、成人したら自分の行動について、自分で考え実行し、その結果に自分が責任を持つという覚悟が必要です。自分で考え決定しなければならない場面は、日常生活の中で無限に存在します。高校や大学に進学する時、就職先を決めるとき、結婚の相手を決めるときなどのように、あなたの人生にとって、極めて重要な場面もあります。

自分で考えるといっても、自分だけで考えるのではなく、色々な人の考えを参考にすることも極めて重要です。特にご両親、先生、友人など身近な人の助言には出来るだけ耳を傾けましょう。そうすることで偏った考えを避けることができます。注意すべきは、自分が最初に考えたことに固執しないことです。他人のアドバイスでもその方が良いと思ったら、自分の考えを変えてよいのです。肝心なのは決定する前に色々な人の意見を聞き、最後には「自分はこうする」という決意と、その結果に自分が責任を持つという自覚が必要です。

次に大切なことは、目前の実態を正しく把握することです。物事を正しく把握するためには、単に表面的な現象を見るのだけではなく、現実の背後でそれを動かしている原理とか事情まで深く掘り下げて、観察することが重要だと思います。よく深堀するというような表現で説明されているのが、ほぼそれに近い内容です。ものごとを深堀することを是非お勧めします。そうすることで、今直面している現実の実態が明らかになるだけでなく、その現実に起因して将来展開するかもしれない未来を、より確実に予測することが可能になるからです。物事を深堀するためのキーワードは「なぜそうなっているのか」との疑問を持つこと、あらゆる側面で「なぜ」を連発しましょう。

現在世界の人口は約80億人と推定されていますが、この80億人の人々が歩む人生は、それぞれ微妙に異なり、一人として全く同じ人生というわけではありません。従ってどのような人生を歩むかについては、80億通りの回答があるわけです。その回答は誰も教えてはくれません。どのような方法で生きていくことが自分に一番向いているかは、結局のところ、自分で見つけ、決定し、実行していく以外に方法はないのです。

ただ幸いなことに、私達にはこれまで先人たちが残してくれた貴重な言葉があります。それらの言葉は、その人たちがそれぞれの人生で苦闘しながら感じられ、その結果育まれた貴重な知恵の結晶です。私達はそれらを参考にしながら自分の人生を進むことができます。しかし折角の先人の言葉も、単に頭の中に言葉で暗記しているだけでは役に立ちません、いざというとき咄嗟に利用できる、いわば、自分の体にしみ込んだ生きた知識でなくてはなりません。生きた知識は自分が体験した経験からだけではなく、例え本から得た、或は他人から教わった知識でも、自分が強く同感し、それらを実行することによって、それら先人の知恵も、自分の中で生きた知識に昇華されると思います。

コラム

外山滋比古氏の著書『思考の整理学』では「学校はグライダー学生ではなく飛行機学生を養成しなければならない。飛行機は自力で飛べるが、グライダーは出来ない。グライダーが飛ぶ姿を見ていると優雅に感じるがそれはただ単に風に乗って滑空するだけで、エンジンがあって自分が望む方向に飛んでいける飛行機とは大違いです」と述べておられます。

第二節　サラリーマン人生

新入社員時代

学業を終えいよいよ社会に出て職業に就くとき、自分で事業を興したり、親の家業を手伝ったりする方もおられますが、今の日本社会では、多くの人がサラリーマン人生を選択されます。

サラリーマン稼業は気苦労も多いですが一面大変都合のよい職業です。何故かというと、生活の糧となる給料をもらいながら、仕事を学ぶことが出来るし、生きていく上で必要ないろいろな知識や経験を身につけることができるからです。無論、本、学校、教習所などでいろいろ基本を学ぶのも大切ですが、実際にそれらの知識を業務に活用しないと、本当に役立つ実力を身につけることが出来ないのが実態です。又計算するとわかりますが、会社勤めに費やされる時間は、その人の人生で利用できる時間の多くを占めています。それゆえに就職した会社にうまく適合し、生活に必要な収入を得ながら、仕事を通じて自分も成長し、会社や社会にも貢献できる好循環の波に乗れるかどうかという事は、皆さんが考えておられる以上に各自の人生にとって極めて重要なことと思います。

ところが、順調にこの好循環の波に中々乗れなくて、大いに苦悩される方がおられることも現実です。若い人の悩みの第一は、上司との関係が上手くいかないと悩まれることのようです。その原因を探ると、自分はこれだけ一生懸命努めているのに評価されていないとか、隣の何々君は実力以上に評価されているとか、自分の意見は取り上げてもらえないとか、仕事の内容に色々口出しされるとか、責任を押し付けられるとか、若いサラリーマンには色々な悩みがあります。

私が考える若い人が自分の上司と良い関係を築くコツは、一種の「割きり」だと思っています。何を割り切るかというと、会社が一つの集合体として有機的に機能するためには、仕事上での最終決定権は、直属の上司が持っているというルールがある事です。あなたが上司から何かの仕事を指示され、あなたがその業務の進め方や内容に関し、仮にあなた自身が上司と異なる意見を持っていたとしても、直属上司が一旦決定を下されたら、潔くその決定に従う態度を習得されることが、必要な「割きり」です。そうして、あなたは上司の指示に従い最大限の努力を払うべきです。

上司とあなたが異なる考えを持ち、お互いが自分の主張を繰り返し、議論に明け暮れていては会社の仕事を前に進めることができないからです。仕事を前に進めるためには誰かが決めなければならないわけで、会社組織では上司が決定することになっています。しかも世の中のことは、道徳や法律で定める善悪は別にして、会社の業務で決定しなければならないような事案について、いずれが最良案であるか事前の段階では、なかなか明確な答えはありません、言い換えれば、それは実行した後の結果で判断するより方法がないという事です。

会社は法律で認められた法人格を持っています。個人とは異なる独立した一種の人格を持つような存在です。従って会社の意志を決定することができるのは上司です。事案の重要性によってどの役職者が会社の意志を決定できるか会社の従業規則で定められています。個人のことは自分で決定できますが、会社の業務は上司が決定権を持っていることの理由です。

一方上司が最終決定を下すまでは相談事であり、部下が出来るだけ自分の意見を述べることに何ら躊躇は要りません、但し、自分の意見を主張するあまり感情的な議論に陥らないよう注意しましょう。

あなたに与えられた業務に関し、上司が既に方針を決定されているのか、未だあなたの意見を聞いておられる相談の段階であるかの見極めも重要です。そのことに関して疑問に思えば、あなたから直接上司にそのことに関し質問されるのも決して無駄ではありません、そうすることでお互いの理解が進むものと思います。

それでは、あなたの直属上司の上の方とあなたの関係はどうかというと、基本的に、直属上司の上の方からはあなたに直接業務指示を出されません。上司の上の方は、必要時、あなたの直属上司の方に指示され、其れを受けて、直属上司の方があなたに指示を出されるのが一般的です。

次いで、同僚や仕事仲間との関係についても悩まれる方が多いと聞いています。私の彼らとの付き合い方は、一般的に礼儀を旨としました。若し、同じ案件を複数の人で遂行するときは、同案件に関する必要な連絡事項を迅速に行うようにし、何かを依頼されたら、自分の業務より先に着手するよう心掛けました。万一自分に火急の事案があれば、そのことを説明し、いつまでに処理するかを伝え、了解してもらうよう務めました。現在はメールで連絡されることが多いと思いますが、そのような時は出来るだけ早く何らかの返事を書くことが大切です。

人間の性として、特に若い時は、友人との間にも競争心が芽生え、友達と自分を比較しがちです。明治の詩人石川啄木（１８８６~１９１２）も「友がみな我より優れて見えるとき海辺に出でて蟹とたわむる」と詠んでします。誰もが自分と他人と比較しがちです。あなただけではありません。肝心なのはその弱い気持ちに立ち向い、それを乗り越えることです。

就職した後重要なことは、周りの人の評判を気にせず、自分に与えられた「目の前のことを立派に片付けよう」と考え仕事に集中することが大切です。「世の中には目明き3人、〇〇〇3人」と言われています。その場その場で一喜一憂しないことです。気持ちを崩さず、絶えず前向きの姿勢を保っていけば、誰かが評価してくれています。それは神様かもしれません。

次いで重要なことは、仕事の内容に興味を持つことです、仕事に興味を持てるかどうかは、その仕事をよく理解したかどうかに依存することが大きいと思います。内容が良く分からなくては興味が湧きません。その仕事の内容を充分理解するためにはある程度年数を要します。よく言われる「石の上にも3年」という言葉があります。1つのことに3年間頑張れば、仕事の内容をかなり理解できるようになるでしょう。こうして仕事の内容を理解することが出来れば、その仕事を上手くこなすコツも自然と身に付くものです、そうしているうちに毎日の仕事に一層興味が湧いてくる気がします。

若しあなたが会社から与えられた業務を立派にこなし、その分野でのエキスパートになれば、技術、営業、経理、人事、管理、などいずれの分野でも、あなたの会社は一層あなたを必要とされるし、社内での活躍の場も広がり、その会社を支える貴重な人材に成長されることでしょう。しかし万一何かの理由で他社に転職することになった場合でも、あなたが特定分野でエキスパートであることが認められれば、あなたを迎えてくれる会社は必ず現れると思います。転職に関し保守的であった日本でも、今は前向きに受け止める時代になってきました。

今は人生100年時代と言われています。定年後の人生を心配される方も多いと聞きますが、これからの時代はいずれ70歳を超えて働かれるも少なくないでしょう。同じ会社で働くか、別の会社で働かれるか、或は独立されるか、それまで蓄えられた経験を生かせる機会は必ず訪れると思います。人間の脳は、使い続ければ新しい細胞が生まれ、高齢まで生き生きと機能し続けることが、医学的にも証明されています。脳が活性に保たれてさえいれば、大きな肉体的ハンディが無い限り、大抵の場合働くことが可能です。80歳代でも現役で頑張っておられる方が居られます。

もう一つ重要なことは、自分が担当している仕事も、お客様の為に何か役立っているという自覚を持つことです。実際誰かの役に立つことによってのみ、その仕事に対する対価が支払われるわけですから、あなたが担当される仕事は、その種類を問わず、必ず誰かの役に立っていますす。そのような自覚を頭の片隅に残しておきながら、目前の仕事に集中して取り組むことです。

学生と職業人との違いは何かと言えば、アマとプロの違いと言えるでしょう。プロの世界では取り組む姿勢の真剣さが違います。経営の神様と言われる松下幸之助さんの著書『道をひらく』から2つご紹介します。

剣道で面に小手、胴を付けて竹刀で試合をしている間は、いくら真剣にやっているようでも、まだまだ心に隙がある。――真剣勝負となれば、一閃が直ちに命にかかわる。人生は真剣勝負である。だからどんな小さい事でも、生命をかけて真剣にやらなければならない。もちろん窮屈になる必要はない。しかし、長い人生ときには失敗することもあろうなどと呑気にかまえていられない。これは失敗した時の慰めの言葉で、はじめからこんな気構えでいいわけがない。真剣になるかならないか、その度合いによってその人の人生は決まる。

「人事を尽くして天命を待つ」という言葉がある。まことに味わい深い言葉である。私心に取れわれることなく、人としてなしうる限りの力を尽くして、その上で静かに起こってくる事態を待つ。それは期待どおりのことであるかもしれないし、期待に背くことであるかもしれない。しかしいずれにしても、其れは我が力を超えたものであり、人事を尽くした限りにおいては、うろたえず、あわてず、心静かにその事態を迎えなければならない。その中から又次の新しい道が開けてくるものである。

会社を経営するうえでの一つのヒントについて、米国ビジネススクールで教えられている有名な言葉を引用します。

「偉大な集団とはお互いに相手の言葉に耳を傾けるメンバーの集団です。そこではお互いが反対意見を共有し、それを前向きに理解し、受け入れようとします。そこのメンバーたちは広い心の持ち主です。決して自分だけが正しいと過信している人たちではありません」会社では色々な種類の人材が必要とされます。完璧な人だけの集合体が最良とは云えません。

これを私なりに解釈すると、あなたは全ての分野で同僚と同じかそれを超えることを目指さなくてよいのです。あなたは、あなた自身に見合った分野で力を出すか、そのような力が出せるよう日頃一生懸命心掛けることが重要であり、目指すべき目標と思います。

中間管理職時代

会社勤めのサラリーマンの方には、管理職になると責任が重く、出来れば引き受けたくないと感じられる方もおられると聞きます。管理職は、部下の持つ力を結集して会社の実績を向上させるという重要な役職です。その役割を担う人材は、会社にとって重要なだけでなく、あなたがその役割に就けば、より多くの情報や知識に接する機会となり、それまでと異なる体験を積むことが出来るので、あなた自身を成長させ、あなたもより大きな充実感を味わうことができます。思い切って挑戦してみてください。

あなたが管理者として部下を管理監督する立場に立ったとき、基本的に重要な心得として、私なりに考えてきたことを中述べます。

中間管理職にとって最も重要なことは、全ての部下と公平に接することです。公平に接するという意味は部下に対し全く同じ待遇をするという事ではなく、全ての部下に公平に各自に見合った機会を与えるということです。一番してはならないことは、なんとなく自分に心やすくしている部下に特別な機会を与えることです。公平な管理者は部下に信頼されます。信頼されれば部下との間に無用な誤解を生む危険が遠のきます。

部下を持つ職位につくと、部下から個人的に部内の情報を伝えてくれることがあります。このとき注意しなければならないことは、その情報提供者が真に部の改善を意図しているのか、それとも情報を提供した人の個人的利益のために、その情報を伝えているのかよく吟味することです。自分に甘言する人には特に注意しましょう。「巧言令色少なし仁」古来伝えられている格言があります。

グループとして業務を遂行する上で大切なことは、上司は自分の考えを貫く一方、併せて部下の個性を生かすためには工夫が必要です。部下に何かの仕事を任せるとき、これだけは守るというくつかの原則を伝え、それ以外は部下の自由な発想で物事を進めるよう指示すれば、両方の目的をかなえることができると思います。

部下から相談された時、出来るだけ現場の事情を詳しく聞き出し、整理し、結論を出し、自分の責任でタイムリーに決断することが必要です。詳しく聞き出すという事は大切な工程です。上司がより適切な判断を下すためには、現場の状況を正しく且つ詳しく把握することが必要不可欠だからです。詳しく聞き出せば、部下が気付いていなかった重要な点も明らかになることがあります。

上司が出す指示は明確でなければなりません、曖昧な表現をすると部下がその趣旨を取り違える恐れがあります。そして指示する内容は具体的でなければなりません、具体的でないと部下はどのように行動してよいか戸惑います。

次いで重要なことはタイムリーに指示を出すことです。上司が結論を引き延ばすと部下は仕事を続けることができません、とは言っても無理矢理にその場で結論を出すことが危険な場合もあります。

その場で結論を出すのは危険だと感じたときや、自分の決断に迷いがある時は、１日考えさせてほしいなどと期間を区切り、その約束した期間内で吟味してから自分の結論を出しましょう。

それから指示した内容から生まれる結果に対しては、上司である自分が全責任を持つという姿勢が重要です。特にその結果が不成功に終わった時は、上司が全責任を持つという姿勢が上司には必要です。そうすれば部下は信頼してくれます。

一方、部下が出した仕事の結果に関し、貴方が指示した基本方針に部下の仕事は十分応えているか、或はその方向で精いっぱい努力したかチェックすることも極めて重要です。

部下が出した仕事の結果に注意を払わなければ、管理者としての責任を全うしているとは言えません。

部下を育てるうえで最も重要な事は、部下をやる気にさせることです。

その要諦は何かと言えば、それは部下の良い面を見出し、率直にほめることです。部下がいくら一生懸命努めても上司から、来る日も来る日も叱責、批判、注意ばかりされていたのでは部下はやる気を失います。極端な場合、会社が嫌になり退職にまで発展しかねません。これは個人的に良く出来る上司が陥りやすい落とし穴です。よくできる上司は自分と部下を比較し、否定的な言葉を部下に投げがちです。

反対に、部下が自分は上司に認められていると感じることが出来たら、部下は勇気百倍にして仕事に励み、お互い好循環の関係が成立します。どうか部下の良い面もよく観察する習慣をつけてください、部下をほめる機会は必ず見つかります。

部下にやる気を持たせるもう一つの方法は、出来るだけ部下に自主性を持たせることです。

そのためには大筋の方針は明示し、細部は部下本人の判断に任せることです。又何でもかんでも上司に相談するような風習は排除しましょう。私のある知人は、部下が「これはどうしましょう」と質問して来たら、其れには一切答えず、先ず自分の考えを述べさせることを方針としていました。

あなたが中間管理職である限り、この決定権限は自分にあるのか、或はあなたの上司にあるのかを判断し、必要であればあなたの上司に判断を仰ぐことも重要です。その判断を決める基本的な目安となるのは、その行為の結果が、会社に対し、どれだけ大きな影響を及ぼす危険があるのか、その危険の大きさの見極めです。

会社の管理規定には、どの事案はどの役職者が決定するとの規則が記載されているので、その規定に当てはまればそれに従えば良いのですが、会社の業務は非常に多岐に亘りますので、会社規定で全ての項目を網羅されているとは言えません。其の事案に関し明確な規定がない場合、上司に相談すべきか否かの判断は中間管理職の役目です。

中間管理職がそれを判断するとき会社規則が参考になりますが、その的確な判断は中間管理職が磨くべき重要なセンスと思います。

最後に中間管理職になられた方の心構えについて述べます。管理職になると当然それだけ責任が重くなります。

何故なら責任者の適切な判断や行動が複数の部下の業務成績に大きく影響を与えるからです。先に述べたように、若い人の間には、自分は果たしてそれらの責任を全て果たせるか不安になり、管理職になることを避けたい消極的な姿勢の方も多いと聞きます。この点に関し私は次のように考えました。即ち会社の中の管理職の責任は基本的に結果責任ですから、すべての案件を成功することを求められます。しかし、いくら頑張って全力を尽くしても、最初に想像していなかった不測の事情が発生するなどして結果が上手くいかないこともあり得ます。

従ってすべてのことに完全に成功することは事実上不可能に近いのです。万一良い結果が伴わないときは、それを分析して、次回以降はそれを改善しより良い結果を出すよう努めるべきで、問題は、自分が目前の課題に全力を出し切っているかどうかが問われると考えていました。ただ、結果責任という観点から、最低でも80%ぐらいの達成率は確保したいとも考えていたことを申し添えます。

コラム

戦前、山本五十六元帥という方が居られました。同氏には部下の教育に関し以下のような名言が残されています。「やってみせ、言って聞かせて、させてみて、ほめてやらねば、人は育たず。やっている姿を感謝で見守って、信頼せねば、人は実らず」

営業について

サラリーマンの方には営業が苦手と感じられる方が少なくないと聞いています。

しかし、営業もそれほど難しい事ではありません。基本中の基本は、礼儀をわきまえること、服装をふさわしくすること、時間を厳守することなどが挙げられます。

お客様との面談時、立ち振る舞いを明るくすることも大変重要です。あなたが若しぼそぼそと話すタイプであれば、明るく話す訓練をしてください。訓練を続ければあなたも明るく話すことができるようになります。

昔読んだ上原淳一郎氏の著書で『読むクスリ』というのがあります。その中の一節に次のような逸話がありました。昭和の終わりの頃の話です。或る航空会社がヘリコプターによる東京－大阪間の貨物定期便を始めることになりました。鮮魚を運ぶことが新規プロジェクトに効果的と分かり、早速大阪のある魚屋さんと交渉することになりました。ところが営業部長が魚屋を尋ね挨拶しようとしたとたん「帰れ」と主人から怒鳴りつけられたのです。気を取り直して通いつづけたのですが、そのたびに怒鳴られ、追い返されてしまいます。ある日又訪ねていくと、たまたま主人が留守で、奥さんがこっそり教えてくれました。「うちは生きた魚を扱う店です。あんたみたいに元気のない声で入ってこられると、魚が腐ってしまうような気持になります」その部長はそれから威勢よく挨拶できるように訓練を繰り返し、めでたく商談が決まったということです。

営業に関して私がもっとも注意したのは、お客と面談する前に一にも準備、二にも準備、完全な準備を整えることでした。

営業は商品や相手先、競争相手の環境などによって状況がそれぞれ異なるので、決まったやり方があるわけではありません。その周囲の状況に照らして、自分でそのケースに見合う最善と思える方法を工夫して考え出すことが極めて重要です。販売という業務は皆さんが感じておられる以上に極めて創造的（クリエイティブ）なもので、自分で最善の方法を考えだすことが最も重要です。又販売は会社の経営に極めて深くかかわっていますので、非常にやりがいのある職種だとも言えます。


以下に述べることは極めて一般的な手順です。

営業にはBtoB（法人営業）とBtoC（消費者営業）とがあります、私が担当したのは売り先が会社で所謂法人営業（BtoB）でした。

BtoB営業ではそれぞれの取引環境が異なりますので、営業マンはそれぞれの環境に適した個別の方策をそれぞれ考案して行うことが重要となります。話題豊富な営業マンは顧客に歓迎されますので、日頃注意して多くの話題を蓄えておき、その場の状況に見合った興味のある話題を提供しましょう。又、私が若いころ上司に助言されたことは、面談する際は、要点を逃さず、てきぱきと用件内容を申し上げ、不必要にその場に長居するものではなく、顧客がもう少し話してみたいと思っている頃に退出するよう心掛けよという事でした。顧客が、もう帰ってほしいと「いらいら」されるまで粘るのは、かえって印象を悪くするだけという事です。

BtoC営業では、会社としての販売方針とか、各営業担当者の一般的な営業に関する訓練が重要となってきます。

営業に関しても多くの参考書がありますので、幅広く知識を吸収してください。

第三節　実行力、決断力、判断力について

実行力

その人に実行力があるかないかは、その人の人生が充実しているかどうかが決まる、大きな分岐点となります。実行することは、その人の人生そのものと殆ど同一であると申しても過言ではないでしょう。

実行力があるということは、何かを頭の中で思いついたとき、その考えを実行に移し、その成果を出せる人のことを意味するのだと理解しています。つまり、頭で考えてそれだけで良いと満足する人は実行力があるとは言えません。しかし、やみくもに行動だけをする人を実行力があるとは言えません。

実行力がある人というのは、自分が立てた目標に向かって行動し、その結果として目標に到達できる人とのことだと思います。

実行力を身に付けるために私が実行してきた幾つかの注意点をご披露します。

（一）具体的行動手段を見出す

その第一は、目標達成するための適切な具体的行動手段を見出し、且つ実行することだと思います。実は頭の中で考えていること即ち目標と、実行することの間に大きな空間というか乖離があります。その目標と実行を結びつけるものは、一言で言えば具体的行動でしょう。言い換えれば、考えた目標を達成するためには、どのような具体的行動をとるかが問われます。即ち、自分が考えている目標を達成するためには、適切な具体的行動手段を見出せるかどうかが重要なカギとなります。

何が適切かというと、自分の立てた目標が達成できることと、自分にとって実行可能な具体的な行動であることです。例えば身近な例で申しますと、脚の健康を維持しようと目標を立てたとき、具体的手段として毎日散歩しようと決定し、実行する事が具体的な行動となります。

私の商社勤務時代、インドのボンベイ事務所（ムンバイ）に所長として赴任しました。当時の同ボンベイ事務所は、日本人駐在員5名、現地社員約30名の陣容でした。現地社員の中には地元の有名大学を出て同事務所に就職し20年以上同事務所に勤め、真面目で優秀な人材もいましたが、一般的に言って、なんとなく「やる気」というか覇気に欠けていると感じました。その原因は何かを色々思案しましたところ、同事務所では身分制度として、日本人駐在員と現地社員との2分類で、現地社員には何も役職のないことがやる気の欠如に繋がっているのではないかと思い付き、現地社員にも役職名を作りました。

現地社員仲間で人望のある最古参の社員1名を所長代理とし、次の4名を課長職、次の数名を主任に任命し、それぞれに役職手当も支給しました。又私以外の日本人駐在員は副所長1名、他の3名は所長代理として職責上現地社員最古参の社員と同一職責として遇しました。

狙い通り、現地社員は見違えるように活気づき事務所の空気は一変して明るくなり、営業成績に大きく貢献してくれました。

（二）　思いついたら素早く実行する

実行するうえで次に大切なことは、それが他人様の手を借りず、自分だけで実行・完結する内容であれば、決断したらすぐ行動に移すことです。何かの理由で実行を先延ばししなければならないこともありますが、理由がないのにただぐずぐず引き延ばしていたのでは実行力は身に付きません。実行に移す場合にはある種のテンションといいますか緊張感が必要となります。この緊張感は決断した時に向上します。若し、決断した時に実行に移さないと、その緊張感が緩み、その結果行動に移す機会が遠のき、中々実行に移せない状態に陥ります。

実行する内容に他人の同意や協力が必要な時は、その人の都合も配慮して実行することが肝心です。そんな場合、自分だけの都合の良さを考えて突き進んではいけません。

私の場合、実行力が人生にとっていかに重要であるかという考えは、20歳前後で確立していました。何かを大切だと思っていても、それを何らかの形で実行に移さない限り、その人は、そのことを本当に大切だと思っていないのと同じことだとまで考えていました。その頃読んだドイツの文豪ゲーテの著書『若きウエルテルの悩み』や、フランスの哲学者兼文筆家アランの著書『幸福論』の中にも、ぐずぐず考えていないで実行に移しなさいとの内容が書かれていたことを思い出します。

日本の文豪、夏目漱石の晩年の作品の中で、ぐずぐず頭の中で考えている人より、何かを思いついたら、自然にすぐ行動に移す人の性格にあこがれているような作品がありました。例えば、雨の日に部屋にこもっているとき、蒸し暑いと文句を言うのではなく、ごく自然に窓を開け戸外の新鮮な空気を部屋に入れる人の振舞いに、あこがれを持つような内容であったと記憶しています。

私の人生を振り返って見ても、何かの行動に移すことで、頭の中でモヤモヤしていた何かが吹っ切れて、心が軽くなった経験を多く記憶しています。

決断力

決断力、私の考えでは、決断力と実行力とは表裏一体の関係にあると考えています。しっかりした決断をすればスムースに実行へ移行することが出来、且つ好結果を生む確率が高くなります。

決断するうえで重要なことは、或ることを選択し、他のことを断ち切るという事です。あれも重要だ、これも重要だ、どれにしようかと迷っていたのでは、中々決断することは出来ません。一番重要だと思うことを選択し、それ以外は思い切って断ち切ることです。

そしてその決断の上に行動した結果、万一思わぬ結果に終わっても、その時は、その時で、次の対策を立てるとの割り切りが肝要です。

コラム

私が若いころ、自分はどうしてこんなに決断できないのだろうかと悩み、さっさと決断できる成熟した大人にあこがれていたことを思い出します。

私は大学卒業後すぐある商社に入社したのですが、其の頃海外から買い付けに来たバイヤーは神様扱いで、仕事上の役目だけではなく、勤務時間が終わった夜になると高級料亭、高級バーへ案内し、日中の勤務時間でもバイヤーの買い物のお手伝いまでしていました。ある時フイリッピンから当時大型商談の客先が来日され、帰国前その人の土産物買いに百貨店を案内しました。

その人は家族に日本人形を買いたいというので、その人がどんなものを求めているかその内容を聞いて一緒に店内を物色し、その人がある商品を買うことに決まりました。彼が代金を払って帰りかけた時、私は彼が希望する商品により適合すると思われる商品にふと眼が止まり、彼にそれに買い替えたらどうかと提案しました。ところがその時彼は私の助言には一考すらせず、「もう決めたことなので」といってすたすた帰りを急ぎました。

その潔ぎ良さにはっと気が付き、私はそれ以降一旦何かを決めたら、後は実行あるのみで再度出発点に戻ってあれこれ迷うことなく、前に進むことに精力を集中するように心掛けました。

そのような行動を繰り返していると、不思議なことにいつしかそれが無意識に行動できる習慣となり、最後には私の性格にまで組み込まれたような気がしています。

判断力

判断力、正しい決断に到達するためには正しい判断が重要です。

正しい判断に到達するためには、目前の課題に対し、先入観を排除し真っすぐに且つ深く観察すること、広く見渡して一か所だけではなく全体像を把握して判断すること、目前の得失だけにとらわれず出来るだけ長期的な視点に立って判断すること、どれから手を付けるか順番の選択などが重要です。無論目前の課題が切羽詰まっているかどうかも判断しなければなりません。

（一）全体像を見る

全体像の把握に努めた一例を申し上げます。私は商社を定年退職した後ある中堅のＩＴ企業の創業者社長さんに誘われ、副社長としてそのＩＴ企業に勤めたことがあります。その時の会社の課題は、如何にして従業員の評価を出来るだけ正確に算出し、それに見合う給与額を各人ごとに査定することにありました。私が赴任するまでは、当時の一般的慣習として会社の業績が良ければ、それに見合う給与の昇給律を決め、それを基に社員全員に同じ昇給率を適用していたのです。

ところがそのやり方では、一生懸命会社の業績に貢献してきた優秀な社員にとって不公平であると、苦情が出始めていたところでした。即ち、各自の業績を各自の昇給率に反映させてほしいとの要望です。ただ、問題となったのは社員を個々に評価するといっても、感覚的にそれぞれを評価していたのでは、その上司の好みに左右されがちです。

例えば積極性を好む上司は部下を評価する時、その側面だけに重点を置きがちとなります。

ところが社員に求められる資質に関しては、積極性の他に、技術力とか、コミュニケーション能力とか、勤勉性とかいろいろあり、それらを総合的に評価する必要があります。そしてそれら必要な資質の重要度に関しては、その社員の職位によっても変化します、例えばコミュニケーション能力に関しては、職位が上に登るほど重要度が増します。

そこで出来るだけ公平に評価でき、社員たちも納得できる評価の仕方を考案する必要がありと考え、ある評価票を作製しました。その内容は、

①社員の職位ごとに、例えば、技術者、主任、課長、部長など、別個の評価票を作成しました。そしてそれぞれの評価票には、必要とされる資質を、例えば技術力、コミュニケーシヨン能力など、横軸の上欄に幾つか記載し、それぞれの職位に応じた重要度を5段階数値に分け、注

記しました。

この重要度の度合いはそれを決める人の価値観に依存します。私は、一部の人と協議しながら決定しました。縦軸の左端にはその特定職位に所属する社員の名前を列記し、相互を比較することにより、評価が公平に行われるよう配慮しました。

②各人の資質ごとの評価は5段階に分け、その社員の評価査定は直接の上司に委任しました。

③そして社員の総合評価点をその票の各個人名の右端に記載しました。

④総合点の算出方法は職制上の重要資質数値に各人の評価数字を掛け合わせて算出したものの合計点です。

これを能力表と呼び、これらの数値を給与金額に変換する変換表を作成し、最終的な能力給の給与額に落とし込みました。他方、それと並行して、年齢給も金額表示で作成し、その年齢給と能力評価表の合計が各人の給与としました。又その職位で一定以上の評価を何回以上確保すれば上級職位に昇進するという基準も作り、その基準に達した者は、直接上司が経営陣に昇進の推薦書を提出し、本人の論文と一緒に経営陣で評価し、上級職位への昇進を決定しました。

（二）長期的視点を持つ

長期的な視点に立つことも大切です。しかし、短期的損失が余りにも大きい時はそうとも言えないので注意を要します。

私の商社課長時代、１９７０代のころの話です。当時中国貿易は自由取引ではなく、極めて限定的で、１年に春と秋の２回に分けて行われる通称広州交易会があり、そこですべての外国との商談が行われていました。ある秋の広州交易会で、繊維原料の一種、スフ綿の大型商談がありました。

ところが中国側から提示された要求価格は極めて厳しく、商談が成立しても損失が出ることが明らかなので各商社はその商談を引き受けることを躊躇していました。私は当時中国向けスフ綿の取引に参入する機会を狙っていましたが、当社にはその商権がなく、且つ通常ではそのような商権を確保することが困難であることから、敢えてその商談に参入しました。

その時考えたのは、今回その商談に参入すれば、後年行われる商談への参加権を取得できるので、目前の商談では損失しても、後年に続く商談で損失を取り返し、長期的に利益を確保したいという目的で決断したことがあります。

（三） 取り掛かる順番に注意する

順番の選択が重要な事は、日常生活で常に体験しています。最初にどれから手を付けるか、その次はどれにするか、行動ごとに毎回選択しています。建築作業の現場を見るとよくわかります。そこでは、最初に土台となる基礎部分をしっかり固め、次いでその上に柱と屋根を組み立て、最後に内装に取り掛かっています。順番を間違えると建築そのものが成り立ちません。

囲碁の世界で言う「大場より急場」という言葉も順番の大切さを教えています。囲碁のルールを知っていない方にご説明すると、盤上の石の「生き死に」の運命が掛かっているところが「急場」で、大きな陣を囲う事が出来る要点を「大場」と呼びます。囲碁は大きな陣地を囲い取るのが勝敗を分けるゲームですから「大場」は大変重要な地点です。一方相手も同じ場所を狙っていますので、どちらがその場所に先行して着手するかは重要な争いです。しかし、石の「生き死に」の運命が掛かっている地点、即ち「急場」はそれ以上に重要で、まずそこの石を凌いでから大場に着手せよとの教えです。

若い時は、正確な判断、タイムリーな決断、果敢な実行を望みながらも、実施できず悩まれる方が多いと思います。私の若い時もそうでした。しかし、これは自分の性格だから仕方がないと諦めないでください。あなた自身が、それらの弱点を一つ一つ、粘り強く修正し、実行を続けられると、やがて新しい行動はあなたの習慣となり、ついにはあなたの性格にまで昇華させることが必ず出来ます。思い切って望ましいと思われる方向に一歩を踏み出してください、それから、次にそのような機会が訪れたら、必ず同じ行動を実行してください。

第四節　時間をうまく管理しましょう

私達に与えられた生涯時間は限られていますので、それを有効に使えば人生はより充実し、多くのことを実行できますが、逆の場合は実行可能な範囲が制限されます。時間をうまく管理するために、私が実践してきた幾つかの注意点について申し上げます。

実践的留意点

(一) 何かを決断する場合、あまり時間を掛けない

これをお勧めできるのは、厳しい結果を伴わないような事柄に関する決断です。たとえば買い物で洋服選びなどは其の一例です。小さなことを決める時でも、細部の損得を根ほり葉ほり、

あれこれ考えて時間をかける人が居ますが、これは時間を無駄にしているだけでなく、大切な脳に疲労を与える結果となり、脳が疲れます。

他方、その結果が甚大な影響をもたらす場合、例えば、結婚相手とか就職先を決めるときのように重要な事の決定に関しては、時間をかけ慎重に考えなければならないことは、言うまでもありません。

(二) 事前にあれこれ考え過ぎず、先ず始めてみる

極めて重要な事案は別にして、一旦何かをしようと決めたら、これだけは実現したいという要点だけは確認して、まず手を付けてみることをおすすめします。物事はやり始めると事前には見えていなかった色々なことが途中で気が付くことが多いので、新たに見えてきたことを取

り入れながら最終的な到着点につけばよいのです。

やり始める前に色々細かいことを思案し過ぎる人が居ますが、思案しているうちにどんどん時がたって、結局何もできなかったという不都合な結果に陥る人を見かけます。

(三) 何かの作業をやり始めたら途中でやめない

何かをやり始めたら、可能な限りそれが完結するまでやり続けることです。若し、あなたが途中で作業を中断したら、そのことが頭の片隅に残り、脳の負担になっています。更に、その作業を再開するとき、あなたはそれまでのことを思い返さないといけないから、その分時間を余分に消費し、それだけ脳を二重に疲労させます。

（四）気が進まない事に思い切って手を付けよう

日常的生活を送る上で処理しなければならないが、なんとなく処理するのに気が進まない事があります。処理することが複雑で手間がかかりそうなときとか、自分の失敗で誰かに謝らないといけない事とかいろいろ理由がありますが、そのように気乗りしない事の処理は、知らず知らずのうちに、ずるずる先延ばしになり勝ちです。

これでは未処理の雑事が重なり、自分の気持ちが憂鬱になるだけでなく、未処理の内容がさらに悪化する恐れもあります。これを克服するため、私は一日に一つ、気が進まない事を優先的に処理するよう心がけてきました。朝起きて一日の計画を立てるとき、そのように気乗りがしない問題の処理を少なくとも一つ加えるようにしました。

（五）ルーティン化のすすめ

日常行う作業は出来るだけルーテン化（定型化）しておくと、それを実施する時ルーテン化したやり方で作業を進めることが出来て、一回ごとに検討と決断をする必要が無くなり、その結果、脳の負荷を大きく軽減することができます。

（六）スマホから取得する情報は選別しよう

今の時代は、インターネットの普及で世間には色々な情報が溢れかえっています。これらのニュースをあれこれと見境なく追及していくと、頭が持つ記憶の容量が一杯になり、必要な時に頭の回転が鈍くなる恐れがあると思います。

従って、日頃どのようなニュースに関心を持つかを決めておき、これらの重要なニュースに関してのみ意識して、その細部と経過を観察し続けることが必要と思います。

（七）物を収納するときの注意

物をどこかに収納するとき、必ず収納する場所を決めておき、それが必要になった時はすぐに取り出せるように記憶しておくことが肝要です。

物を収納する行為は、次に取り出す時の利便性を向上するための行為と理解することです。長時間物を探す行為は、時間の無駄であるだけでなく、作業が遅延するし、気持ちがイライラし、脳が疲労します。

(八) パソコンの活用

出来るだけパソコンを利用し紙資料を排除すると色々便利です。パソコンに資料を収納するためにはある程度時間と手間がかかりますが、一旦パソコンに整理して収納すると、次にその資料を取り出す時は便利で時間が節約され、資料を探す必要がありませんので咄嗟の用に間に合います。

(九) 時々作業内容を切り換える

タイムリーに作業内容を切り替えることも集中力の持続に役立ちます。2、3時間同じ作業を続けていると集中力が衰えます。

集中力が衰えてきたと感じたら他の課題に注意を向ければ、再び脳の活性化が始まります。そうすることで脳の活動を長時間活発に持続させることが出来ます。

私は時間を上手く使う事と、自分の脳の負担を出来るだけ軽くすることは、一枚の紙の表と裏だと考えています。即ち、時間をうまく使えば、それだけ脳の負担が軽くなり、脳の負担が軽くなれば、次の行動に移る時、適切な判断が可能となります。

重要な情報の選択と管理、資料の整理、物事の考え方を整理して記憶にとどめておくことは、脳の疲労を軽減します。脳の疲労が軽減されると、脳が活発に活動し、的確な判断が出来るようになります。

第五節　幸運とひらめきを逃さない

人生で何かを成し遂げるとき、運の良いことが大きな要因となることがしばしばあります。私のサラリーマン時代を振り返り会社に貢献できる何かを成し遂げたと思えることは、その要因の99%は向こうからやってきた幸運のおかげで、自分はそれをひょいと掴んだだけだとの実感があります。いくら自分で頑張っても、運が味方をしてくれないとなかなか上手く事が運ばないのが人生です。

それでは努力すること自体が無駄ではないかと疑問を持たれる方もおられると思いますが、それは違います。運を掴むことができるのは日頃努力している人です。運はぼんやりとした形で突然やってくるので、日頃注意していないと見過ごしてしまいます。ぼんやりとやってきた運を自分の力で掴み、其の運をはっきりした形に変えることが出来る人こそ、好運な人と言えます。

経営の神様として知られている松下幸之助さんは、自分が幸運の持ち主だと思っている社員を意識して重用されたそうです。人生の機微を会得された松下さんならではのすぐれた卓見ではないでしょうか。

不思議なもので、自分は運が良いと思っている人のところには、向こうから幸運がやってくるものです。自分は運が悪いと思い込み、暗い顔ばかりしていると、幸運はその人を避けて過ぎ去っていくようです。

人間でも神様でも、いつも不機嫌な顔をしている人のそばには寄り付きたくないものなのでしょう。世の中には物事に真面目すぎて知らず知らずのうちに、完璧主義者となっている人が居られますが、その人たちは自分に訪れた幸運には感謝せず、不幸の面だけを取り上げ、不満だけを感じる生活に陥りがちです。完璧主義者の方の心情では、小さい不都合でも過視することが出来ず、自分には運が来ないと感じられる傾向があります。世の中は公平で、その人のところに幸運だけがやってくるとは限りません、不運な時もあるのが人生だと思います。自分に訪れた幾つかの幸運を生かし、それに感謝する生活が賢明と言えます。

幸運は向こうからやってくると言いましたが、物事を前向きに考える人のところには、その機会が多いようです。外国ではそれをポジティブ思考と呼びます。前向き思考とは何事も良い方に考えることができる人です。例えば木曜日の朝になって会社に出掛ける時、あるサラリーマンは今週もまだ2回会社に出勤しなければならないと暗い気持ちになるのか、別のサラリーマンは今週はもう3日出勤したので、あと2日で今週も終わりだと元気に出勤するのか、気持ちの持ちようの違いです。

皆さんも良くご存知だと思いますが、ポジティブ思考の典型的な逸話があります。米国のある靴を製造する会社が自社の靴を新たにアフリカに販売したいと考え、2人のセールスマンをアフリカに派遣し、その可能性を調査させました。2人がその国に行ってみて驚いたことに、アフリカでは当時誰も靴を履いていませんでした。同地では皆さん裸足で土の道の上を歩いていたのです。

2人は調査を終え会社に帰ってきて調査結果を社長に報告しました。アフリカで同じ現状を観たのに2人の調査報告書は全く正反対でした。一人の報告書では、アフリカの人は誰も靴を履いていません。だからあの国に靴を売ることはほとんど不可能です、と報告しました。もう一人のセールスマンは、アフリカの人は未だ誰も靴を履いていません。若し靴を履く習慣を教えることが出来れば、靴は大量に販売できるでしょうと、報告しました。

同じ事象に直面しても、ポジティブ思考とそうでない人の間には、受け止め方に関し天と地の乖離があります。

コラム

私の商社マン時代、5年間所長としてボンベイ市（今はムンバイ市に改称されています）に駐在したことがあります。其の取引先の最大顧客はReliance Industries Ltdという会社で、今は世界的巨大企業の一社です。その会社の創業者、D.アンバニさんは普通の家庭で育ち、一代で巨大な財産を築いたインドでは立身出世物語の中心人物です。同氏は大変気さくな方で、私は個人的にも親しくお付き合いさせていただきました。私は同商社を定年退職した後、一時期あるインドIT会社と代理店契約を結び、同社の日本における販売活動の手助けをしたことがあります。

そのIT会社の現地視察のため18年ぶりにインドを訪問し、其の機会に同アンバニさんを表敬訪問しました。その時同社は丁度インド西北部に大規模な石油精製工場の建設が完成したところで、同氏にその製油所を訪問してみないかと勧められました。その工場はパキスタン国境近くにあるジャムナガール市の中心部から遠く離れた僻地に建設されていました。

用意された同社の自家用機でジャムナガール空港に着き、自動車でその工場に向かうと、周りの風景は赤土と雑草が生えた荒れ地が広がっていました。工場に着くと建物は2手に分かれていて、左側に大きなパイプで取り囲まれた工場と、中央にドーム型をした事務所がありました。案内係の説明によると、その工場は米国企業の技術指導を受け、最新式の設備を揃え、コンピューターによる自動制御で稼働しているとのことでした。工場見学後、右側の敷地正面にある来客用建物で昼食を頂き、周囲の案内をしていただきました。その敷地は従業員の宿舎用といっても極めて大掛かりで、スーパーマーケットあり、学校あり、郵便局あり、娯楽施設や運動施設もあり、一つの街を形成していました。

実は、この工場建設で最大のネックの一つとなったのが、これらの最新設備を稼働させることができる有能な従業員の確保です。しかし、荒れ地が広がるその周りにはそのような従業員はいません。当然インド国内の各地から優秀な人材を集め、長期に駐在してもらわなければなりません。

長期滞在となると家族ごと引っ越しすることが求められますが、そのような荒れ地に引っ越してくる家族はいません。この問題を解決するためにアンバニさんは、この近代的住宅街を荒れ地の中に全くゼロから設計し、建設したのです。そのポジティブ思考の極限をこの目で見た実感があります。

人生で何かを成し遂げるには幸運の他にひらめきもあります。電球を発明したエジソンさんは、何かを成し遂げるには99％の努力と、1％のひらめきが必要と言っています。いくら努力しても最後のひらめきが伴わないと、大きなことを完成することは出来ないという意味に解釈しています。

一方、不思議なもので、ひらめきを掴もうといくら懸命に追い求めても、その時にひらめきを掴めるというわけではありません。それはあなたに突然訪れるものです。中国の古い政治学者欧陽脩は、自分にひらめきが訪れるのは、馬上（馬に乗っているとき）枕上（眠ている時）厠上（トイレにはいっているとき）と述べています。全く違ったことをしている時、予告なしに、常日頃心にとめておいた必要な事柄に関するひらめきを得ることが多いという意味です。ひらめきそのものを一生懸命追い求めても、其の時に必要なひらめきはなかなか訪れないようです。

ひらめきも幸運と同じように、あなたに訪れた時、しっかりそれを掴み、そのひらめきを生かすことが大切です。いくらひらめきがあっても、それを掴み取る行動が伴わないとこの世で実を結ぶことは出来ないでしょう。

99・99％の好運がもたらした思い出の商談

1968年、大手商社に勤務していた私はイランの首都テヘラン市に赴任しました、パーレビ王朝時代です。私の専門業務分野は繊維原料で、非鉄金属である銅鉱石に関する知識は皆無に近く、知っていることと言えば、当時の日本産業振興に欠かせない銅鉱石が極端に不足し、戦後出遅れた日本商社は、直接山元から鉱石が買えず、先行した海外の専門商社から高値で輸入することに甘んじざるを得ませんでした。

赴任して半年たったころ非鉄鉱石部、H部長から1通の電報が入りました。或る英国の業者が、イラン政府からイランで有名な大規模銅鉱山の採掘権を取得したが、当時産業界が斜陽化していた英国では、需要の先行きが不安で、他方、産業の発展が目覚ましく、しかも銅鉱石が極度に不足している日本には大きな需要が見込まれるので、日本に輸出したい。一方、この鉱山の開発資金を提供してくれる日本商社に日本での輸入権を与えたい、という申し出が日本商社大手各社に対し一斉に連絡されたとの内容です。

ところが日本で調査すると、それまでイランから銅鉱石が輸出された実績が全くないので、実際にイランから銅鉱石の輸出が可能かどうか調査せよとの内容でした。私はクラークに調べるよう指示すると、銅鉱石の輸出はイラン政府の許可条件ですとの回答、ではどんな条件が整えば許可が下りるのか調べるよう再度指示すると、イラン政府商業省にアポイントを入れてくれました。

商業省の担当官と面談でき、これまで1トンの輸出実績がないことは実質輸出禁止ではないかと尋ねると、許可しないのは、イランの銅精錬の生産能力が小さく、この生産量では国内の需要量が満たせないからである、ただチャンスはある、現に一社から輸出許可申請が出ているという。その会社はどんな輸出許可申請をしているのかと質問すると、自分の口からは言えないが、直接その会社から聞くのは構わないと助言してくれ、その会社に電話してくれました。これも好運でしたが、その日同社社長Z氏が丁度在社されていて、その日に面談してくれました。

Z社長の話は、信じがたい幸運を予感させるものでした。内容は、その会社が保有している鉱山の銅鉱石は、５～６％と銅含有率そのものが高率であるだけでなく、その中に多くの金が含まれている、ところがイラン国内では金と銅を分離する技術が無いので、この鉱石をイラン国内に売れば金入りの銃弾を作ることになり、金が無駄になる。

従って、この金入りの銅鉱石を海外に輸出し、海外の技術で金を銅から分離し、銅とは別に金は金で海外に販売し、外貨を獲得すれば、その余分に得た外貨で海外から余分の銅を輸入できるので、総合的に見るとイランの国益にかなうと、政府に輸出を申請しているとの説明でした。ダメもとで、輸出先を決めているのかと同社長に聞くと、政府の許可を得た後交渉に入る予定とのこと。

そこで、当社は政府輸出許可条件でよいから見積もりを提出してほしい、もし、政府許可条件の仮契約書があれば政府も許可が下しやすいのではないかと話を進めると、少し考えＯＫがでて鉱石の分析表も出してくれました。帰社後早速日本に電報を打つと、１週間後に日本から非鉄金属H部長が飛んできて、同会社の社長と面談し、私からの情報を直接Z社長に確かめ、トンボ帰りで、1週間もたたず精錬会社の鉱石博士同伴で再訪問され、トントン拍子で仮契約がすすみ、その後まもなくしてイラン政府からの輸出許可も下り、結果イラン国から世界に向けた輸出第一号銅鉱石が日本に向け出荷されました。その後同会社が保有していた他の鉱山も共同開発し、大きな事業に発展しました。

カナダ・プロジェクトの失敗（不運のためか、判断のあやまりか）

私は商社勤務時代、3件の海外繊維関連工場建設に参画しましたが、今思い出しても痛恨極まりない一件について、お話しします。1970年頃から米国デュポン社が提唱したWash and Wear（洗濯して直ぐ着られる）を謳い文句に、ポリエステル加工糸生地で仕立てられた男子用洋服が、世界的大ブームになったことがあります。その結果、原料であるポリエステル長繊維糸への世界的品不足が露呈し、比較的生産余力がある日本に対し世界中から注文が殺到しました。私は担当課長としてその原料であるポリエステル長繊維糸輸出に東奔西走していた時、カナダのモントリオール支店から耳寄りなニュースが飛び込んできました。カナダ東北部に位置するニュー・ブルンスウィック（ＮＢ州）が、同州のカラケットという町で雇用促進のため、極めて好条件の投資誘致策を決めたという報告です。

私は、この誘致策を利用して、カラケット町に、ポリエステル加工糸製造と、その加工糸を利用して、洋服の生地である編み生地を製造する一貫製造工場の設立を企画しました。工場設立目的は、ポリエステル原糸の安定的輸出商権の確保と現地会社での収益計上です。幸い、ＮＢ州の誘致許可を得て、日本の提携メーカーＭ社も決まりました。

同州から提供された広い敷地に工場が建設され、いよいよ機械設置の為M社の技術者が出張すると、現地では秘かに労働組合が結成されていて、突然同組合から、日本人技術者は、技術指導だけして、機械設置作業は現地社員が行うと通達されました。M社の技術者が苦労しながら、現地社員を指導し、漸く機械設置が完成し、いよいよ商品生産に入ろうとした時、同組合は、更に、従業員の採用と退職は同組合の許可が必要だと理不尽な主張をしてきました。これは経営権の侵害にあたるので、当社はそれを断固拒否しました。すると、組合はストライキに突入、工場の生産開始が出来ません。組合と長い膠着状態が続いた後、一部現地社員が組合に不信を抱き始め、工場に復帰し始め、ようやく生産開始にこぎつけたのが、工場建設完了から約2年後でした。

この間、ポリエステル糸を使った男子用洋服に色々な問題が露呈し、その市場価格は暴落しました。当然ポリエステル編み物の生地の市場価格も大暴落しました。売るたびごとに同社の赤字は膨らみます。その後も同商品の市場回復が見込めないことから、１９７７年、同社から完全撤退しました。サラリマン人生、私の最大痛恨事です。

第六節　素直であること——松下幸之助著、『道をひらく』から

松下幸之助さんの著書『道をひらく』から引用します。「人間はものの見方一つで、どんなことにも堪えることができる。どんなつらい事でも辛抱できる。のみならず、いやなことでも明るくすることができるし、つらいことでも楽しいものとすることができる。みな心持ち一つ、ものの見方一つである。同じ人間でも、鬼ともなれば仏ともなるのも、この心持ち一つであると思う。――

ただ、このものの見方を正しく持つためには人間は真実を知らねばならないし、また真実を教えなければならない。つまり、ものごとの実相を知らねばならない。―人間はほんとうに偉大なものである。真実に直面すれば、かえって大悟徹底し、落ち着いた心境になるものである。だからおたがいに、正しいものの見方を持つために、素直な心で、いつも真実を語り、真実を教えたいものである」

同著書では、「真実を知る」との章で右記のような説明がありました。私は真実を知るためには素直な心が如何に重要であるかという点で強く同感したのでこの節で、取り上げました。

素直にものを見るという事は先入観を持って物事を見ないことであると思います。物事を見るとき、人間は自分に都合のよい視点から見たいという気持ちになりがちです。若し、そのような先入観を持てば物事の真実が見えず、何事も本当の解決には至りません。

このことを言い換えると、現実を直視するという事と同じ意味だと思います。例えば、何かの大きな失敗をしでかした時、後からあれこれ弁解し自分の失敗を糊塗しようとしても、全く何の役にも立ちません。自分の犯した失敗は自分の失敗であるという事実を素直に認め、その上でそれを如何にして最小限度の損失に食い止めるか、又今後それを繰り返さないためにどのような注意したら良いのかを考えるべきです。

話は変わりますが、日本野球全盛時代を築き、多くのファンをもつ長嶋茂雄さんは、素直な心の持ち主であったと仄聞しています。彼は知人から何かを勧められたら進んでそれを取り入れ、実行されたと聞きました。このように友人などのアドバイスを素直に取り入れ、自分の肥やしにされたことが、側面的に彼を偉大な野球人に育て上げる一助となったのではないかと想像しています。

無論この世の中には多くの偽善、欺瞞が溢れていることも事実です。特に見知らぬ人から勧められる儲け話や、金銭に纏わることには、慎重の上にも慎重に対処しなければないことは申すまでもありません。

しかし余りにも用心し過ぎるとか、自分の考えだけに固執し、友人などの勧めを聞き流し、検討さえしようとしない人は、大切なチャンスを逃しているような気がします。

　又素直であることは、人を動かす大きな力を秘めています。不思議に記憶に残っている次のような寓話があります。

「ある村の中央を貫いている一本の道がありました。ある時その道の真ん中にどっかりと大きな石のお地蔵さまが鎮座ましまして、その道が通れなくなり、村人は大変困りました。そこで村人は相談して先ず、力自慢の若者を集めて動かそうとしましたが、その地蔵さんは重くてびくともしません。今度は村一番の知恵者と称されている人がお地蔵さまの前に出て、あなたのために山海の御馳走を用意したので私の家に一緒に行きましょうと誘いましたが、お地蔵さまはびくともしません。村人がほとほと困り果てていたところに、やや頭のめぐりが良くないと馬鹿にされていた男が地蔵さまの前に出て、「お地蔵さん、お地蔵さん貴方がそこに座っておられると道が通れなく、皆さんが困っておられるので、どうか道を開けてください」とお願いしたところ、お地蔵さんはゆっくりと道端に移動されました。

気が付きにくい事かもしれませんが、素直な心を大事に守りたいものです。

第七節　友人を大切に

今振り返ると私は友人を多く持ちたいという気持ちは強くなかった方でしょう。他方友人を避けるという事もありませんでした。来るもの拒まず、去るもの追わずの心境でした。自然に任せたといっていいでしょう。そんなことより、自分の仕事に集中したい気持ちの方が強かったともいえます。

しかし長く生きているとそれなりの数の友人に恵まれました。友人を作る時、特に気を付けたいのは、決して何か自分の利益のためにとか、いざというとき助けてもらうためとかの下心があっては、本当の友人になれないと思います。先ず自分と相手がそれぞれ自分の生活領域があり、その上でお互いの領域を犯さない範囲で付き合うのが良いのではないでしょうか。

幸いにして何となく心や考えが通じ合える人が現れれば、どれだけ人生を豊かにしてくれるか分かりません。日常のことを話し合うだけで心が和みます。同じ趣味の持ち主であれば会うときの楽しみが一層倍加します。長年離れていても何かの機会に突然便りをもらったりすれば感激です。孔子の言葉、「友、遠方より来る、また楽しからずや」の心境になれます。無論、友人の間でも、必要な時は、お互い頼んだり頼まれたりすることが禁じ手ではありません。そのような時、真の友人は心から協力してくれます。

仕事上外国人の方とも付き合いがあり、心が通じる人にも出会いました。何十年か経て突然メールをもらったりしたこともあります。外国人も信頼関係を大切にする気持ちに変わらないとの経験的感覚を持っています。

一般的にいえば、日常生活を営む上で友人とまでは呼べない人とも多くの接点があります。

会社の同僚とか仕事上で付き合う他社の会社員との関係もその中に入ります。その場合は余り近寄り過ぎず、しかも礼儀に注意することが肝要ではないでしょうか。無論その中からでも心が通じ合える友人に発展する場合も少なくありません。

他方、全く違う考えや価値観で生きている人からは出来るだけ離れるようにしました。私は、信条として、本人のいないところでその人の悪口や陰口を口にするのは好みではありません。そんな場面に出くわした時、私は軽く対応し、出来るだけ別の話題を持ち出し、その話題から避けるようにしました。

自分が他人にどう思われているかを気にする人も多くいます。私は自分がやましい行いをしていない限り、どう思われようとかまわないと考えていました。そんなことで自分の生活に影響を受ける方が、限られた人生の時間を有効に利用するという点から全く割に合わないからです。要は、自分が大切と思っている目標に向かって集中することが大切だと思います。昔高校生のころ漢文で教わった言葉を今も覚えています。「燕雀いずくんぞ鴻鵠の志を知らんや」原語はもっと難しい漢語であったと思いますが、要は「雀のように小さな鳥は大鷲のような大きな鳥の心を理解できない」との意味と解釈しています。

真の友人になれるかどうかは、合理的判断というより感覚的な感じが強く影響するのではないかと感じています。感覚的な感じの中には相手の人格的・品性的な内容をくみ取る機能があるように思います。今風に言えば、価値観を共有できる人が友人に相応しいという事でしょう。もっと分かりやすく言うと、自分が大切と思っていることを相手の方も大切だと思っている場合、その人との間に安心感が宿るのだと思います。

心に残った言葉

孔子「人の己を知らざるを憂えず、人を知らざるを憂うるなり」

（他者が自分の価値を認めてくれないと心配するよりも、自分が他者の価値を認めようとしないことを心配しなさい）

孔子「君子は和して同せず、小人は同して和せず」

（君子は他者と調和し上手くやっていくが、決して他者に引きずられたり流されたりしない。

つまらない人は、他者に振り回されたりこびへつらったりするが、決して他者と調和しようとはしない）

伯母の言葉

田舎町で旅館兼料理店の女将をしていた伯母の言葉が忘れられません。「誰かに贈り物をするときは自分も欲しいようなものを贈るべきで、自分には不要と思うようなものを贈ることは駄目」

ローマ皇帝の言葉

「――また労苦に耐え、寡欲であること、自分のことをやって、余計なおせっかいをせぬこと。中傷に耳をかさぬこと」

ローマ皇帝で哲学者、マルクス・アウレーリウスの『自省録』（神谷美恵子訳）から

第八節　強く生きるための原動力

生まれながらの資質

強く生きようとする力は、ほとんどすべての人に生まれながらにして与えられた素質です。人には、それぞれが独立して、自分で生きていこうとする力が生まれた時から与えられていいます。それこそが、強く生きようとする根源的な原動力と言えると思います。よちよち歩きできると満足そうな笑顔を見せる幼児の姿から、その小さい体に秘めた力を感じることが出来ます。

一方、この生まれながらにして与えられた原動力に後天的に付加される力があります。現実には各自が実行していても中々自覚されていない真実です。それは何かといえば、人間は誰かのために何かをしてあげたいと思うときに、その人に一層強く生きようとする力が沸き上がるような気がします。その思いが近くの周りの人に向けられた時、より一層強い力が生まれると思います。

例えば母親が幼い子を一人で育てようとするとき、その家庭の環境が困難であればあるほど壮烈なまでの自己犠牲と努力をされる母親の姿があります。又古い言葉ですが「家貧しくして孝子出ず」というのもあります。これは貧しい家の子は自分が努力して、将来両親を助けたいという気持ちが強く、そのために少年時代から人一番努力するものだとの意味です。これも、家族や身近な人のために頑張りたいとの意識の表れと言えるでしょう。

無論、自分を強くしたいという志を育む条件は、厳しい環境の中でのみ用意されるというものではありません。豊かな環境の中で子供時代を過ごした人も、色々な自分自身の体験を通じて、何かの本で感じたことから、だれかの言葉に共感したことから、誰かの生き方に触発されたことなどから強い心は生まれます。それらの契機に触れて自分は誰かのために役立ちたいという志を立てる若い人もおられます。例えば、将来お医者さんになりたいという人生計画を持った人が居たとします。その人は医者になって十分の収入を得て、家族を育てていこうという気持ちも強いと思いますが、同時に、その人は、病気で苦しんでいる人を助けたいという気持ちも合わせ持っているはずです。その思いの強さには個人ごとに程度の差はあるでしょう。

その思いが強いほどその人の医者としての真剣さが、より一層強く伝わってくるような気がします。政治家、学校の先生やその他もろもろの職業に努められている人にも同様なことが言えると思います。

誰かのために努力しようとする人の姿に、私たちは、すがすがしく決然とした強い力を感じ取ることができます。

もう一つ強く生きる人の原動力となっているものがあります。それは何かというと、自分の才能を伸ばそうとする人達です。その代表的な人にスポーツ選手たちがいます。オリンピック選手はその頂点に立っておられる人達です。

自分の怠惰、弱い心、肉体的苦痛などに打ち勝って自己の才能を極限まで伸ばそうとされる彼らの努力にはすざましい迫力があります。今アメリカの大リーグで活躍されている大谷翔平選手の名前も記載しておきます。彼の昨年の打撃成績はリーグ3位となる46本塁打、投手としては、チーム最高の9勝を挙げ、MVPに輝きました。米国のある有名な監督が彼について、これだけの逸材を見たことが無い、その技能だけでなく野球に対する真摯な姿勢は比類が無い、ご両親はこのような選手を育てられたことを誇りに思っておられよう、又日本人も誇りに思っておられようと、絶賛されています。

これは大谷選手が世界的な人気を得ながらも、自己の才能を伸ばすため、日頃厳しい練習を続けられた結果であると信じます。

親の務め

ライオンの親は子供に自立心を育てるため、自分の子供を崖からわざと蹴落とすと言われています。可愛い子供が独り立ちしたあと、向かい来るであろう様々な厳しい環境を、自力で乗り越えるために必要な自立心を我が子に芽生えさせ、その時のために準備する機会を与えようとするための本能です。ライオンの親でも子供を危険にさらしたくはないと想像します。その感情を押え、より大きな愛情の為に敢えて危険な冒険をさせようとするのです。

このことは、人間の世界でも同じことが言えます。子供に対する親の最大の務めは何かといえば、それは如何にして自分の子供に自立心を目覚めさせ、そのために自ら準備しようとする気持ちを養育することに尽きると思います。人間の世界では所謂一般的な教育には熱心だが、子供にとって最も必要な自立心の確立や、その準備に関し関心の薄い親御さんが居られるのは残念です。街中で見ていると、よちよち歩きのお子さんが何かに躓いて転んだ時、あわてて駆け寄って抱きかかえる親御さんを見かけます、又自分は我慢しながらお子さんが自分で立ち上がるのを待っておられる親御さんも見かけることがあります。どちらの親御さんが将来そのお子さんのために役立つかは自明の理ではないでしょうか。

「転ばぬ先の杖」という言葉があります。若しこれを言葉通り解釈され、子供に向かってくるすべての危険を親御さんが事前に防御されると、その子供さんは自分で危険に対処する貴重な経験が奪われ、自分で自分自身を守る能力を鍛える機会が奪われることになります。「転ばぬ先の杖」とは本当に危険なことに対する時は必要ですが、子供が自分で乗り切れる危険に対しては、子供に任せることが肝要と思います。其の境界線の見極めが必要なことは申し上げるまでもありません。子供さんの失敗についても同じことが言えます。子供たちは自分が失敗をすれば、次回はその失敗を自分で未然に防ごうとします。それが将来の子供さんの成長に繋がるのです。子供さんには出来るだけ挑戦させてあげてください。

子供さんが幼年期から少年期へ移行される時期に、自我が芽生えます。この時親が注意しなければならないことは、徐々に、子供の自主性を尊重しつつ、親が過度に子供に干渉しないことです。親子の関係は微妙で、両親が無意識に接していると、ともすれば過保護になりがちです。反対に厳しくなりすぎるのも問題です。私が考える理想的な親子の関係は、普段、親は少し離れたところから子供さんを見守り、子供さんが本当に助けを必要される時、親が手を差し延ばされるような関係が、子供さんの自立と成長のために重要ではないかと思っています。

又、自分の利益の為にだけでなく、身近な人の役に立つことがいかに重要であるかということを、言葉で説明してもなかなか理解され難いが、親御さんが自分で実行されると、お子さんは自然に覚えていかれるものです。

もう一つ親御さんが身近な日常生活の中で出来ることがあります。それは子供の幼い時から何か家族のために1つでも子供が出来る小さい手伝いをさせることです。例えば、毎朝家の雨戸を開けるのは子供の役割と決めます。そして子供がそれを出来た時は「ありがとう」と声をかけてあげることです。これらの行動を通じてお子さんが自然に身に付ける体験はとても重要と思います。

子どもが小さい時は何事に対しても興味を持つ時代があります。幸い子供が何かに興味を持ったとき、親はその機会を逃すことなく、その子供の興味をはぐくむ気配りが重要です。子供たちが持つ何かへの興味は、やがて将来のお子さんたちにとって、自分の才能に目覚める萌芽となるでしょう。

子どもが健全に育つために親が自分の子供に教えるべきことは他にも色々あります。その基本的な幾つかを上げますと、社会性をはぐくませるために、最初に子供が出来ることは周囲の人へのあいさつです。誰かに出会った時はっきりした声で「こんにちは」とあいさつさせる事、道徳の基本である嘘をつかせないこと（相手のことを慮って一時真実を伝えないこともあり得ますが）、何かやり始めたら小さい事でもやり遂げるまで我慢して努力させること、それは子供の忍耐力を養成します。

戦前の家庭では、お母さんが子供に「家族皆がご飯を食べられるのは、お父さんが一所懸命働いてくれているお蔭ですよ」と教え、お父さんは、お母さんの家事をねぎらい、子供は自然に両親の有難味を体で感じるようになりました。子供に、言葉で教えなくても両親がお互いにねぎらう日常生活を送れば、子供は自然に両親への感謝を会得すると思います。そしてそのことは、子供が周囲に対する感謝の気持ちを意識するようになるのではないでしょうか。子どもが他人に対し、感謝する気持ちを感じることは大変重要です。そのためには親が感謝の気持ちを持つことが大事です。古来、子供は親の鏡と言われています。

第九節　何とかなる、人生いたるところ青山あり

「人生山あり谷あり」とはよく言ったもので、全くの挫折なしで、順調だけで、生涯を全うできる人は比較的少数派でしょう。長い人生の間に、社会的にも個人的にも不遇や不運を経験することは少なくありません。そのようなときは「何とかなる」という悠然とした気持ちを大切にしながら、冷静に現状を分析して、具体的対処法を見出し、実行されることをお勧めします。新しい機会が出現するまで、ごろ寝されるのも決して悪くはないでしょう、時が解決してくれることもあります。

学業を終え、就職される時、どの職業を選択するか、悩まれる方が多いと思います。考えてみると、学生時代を終えた人にとっては実務に就いた経験が無いわけですから、実社会に出るときその人にとってどの職業が自分に向いているか、自信をもって選択することがなかなか困難であるというのが実態と思います。

ある会社に就職し、何年か懸命に業務に尽くしていても、何かの運命のいたずらで転機が来ることもあります。例えばその業種自体が自分には全く合わないと感じるとか、就職した会社が自社の業績だけに注目し、社員とか、関係する取引相手の会社のことには全く配慮しない会社であることが判明した時とか、自分が是非やりたい仕事が他の分野にあることに気が付いた時とか、最悪の場合は就職した会社が倒産するとか、比較的少数派とは思いますが、どうしても転出したいという気持の高まりや、倒産のようにのっぴきならない転機がやってくることもあります。

その時はそれを自分の運命だと思い、決然と立ち向かうことが、肝要です。そして「人生いたるところ青山あり」との信念をもって、「大丈夫、なんとかなるさ」との自信と悠然とした心境を大切に、新天地に向かわれることも有力な選択肢の一つです。ただ、はっきりした理由や目的がなく、相応の準備もなく、なんとなく今の仕事が嫌いと感じ、安易に転職に走るのは、結局、目標の定まらない人生の繰り返しとなり、厳に慎むべき行為と思います。

もう一つ指摘しておきたいのは、何事につけ完璧を求められる方は、将来に関しても確実を追及されますが、将来のことに関しては、確実にできるという約束はないので、換言すれば、不確実なので、その結果、将来への不安に悩まれることがありがちです。神様ではない我々人間に出来ることは、現実を分析し、将来に対しベストの対応を用意することで、後は、運命に任せるという気持ちを持つことが大切です。有名な英国の政治家チャーチル元首相は、危機に遭遇した時、敢然と立ち向かうことでリスクは半分に減り、危険から逃げていたのではリスクは倍増すると言っています。

結果を恐れず、しかし冷静に現状分析し、敢然と立ち向かい、その結果は神様に任せるという気持ちが必要なのではないでしょうか。

高橋是清「だるま宰相」

その人生で何度も転び、しかし挫折することなく何度も立ち上がり、その回復力が「だるま」に似ているので、誰言うとなく「だるま宰相」と呼ばれた高橋是清さんの人生を駆け足で辿ってみます。

同氏は1854年（寛永7）年江戸でお生まれになりました。

少年時代、藩の命令で米国に留学されたが、米国受け入れ先との契約書に不備があり奴隷同様の扱いを受けました。しかし彼はそれに怯むことなく、英語の会話、読み書きの学修に励んだと言われています。

米国から帰国後、米国で知遇を得た森有礼の勧めで文部省に仕官し、学校教師などを経たのち、特許局長まで昇進されました。

1889年（明治22年）同省を退官し、ペルーの銀鉱山に投資し事業経営者となられたが、現地に赴任してみるとその銀山は既に廃坑となっており、詐欺商談に乗せられたことが判明し、帰国後殆どホームレスの境涯に身を落とされましたが、意気喪失とは無縁でした。

其の後知人の紹介で日銀に就職し、後日銀総裁（1911年）になられ、日露戦争勃発時、同氏はロンドンに出張し、当時最も必要とされた軍事費の調達に成功されました。

其の後一旦下野されましたが、再度当時の首相に請われ、大蔵大臣（1931年）に就任されました。

その頃、昭和金融恐慌が発生し、銀行倒産の危険があるとのうわさが流れ、市民が預金引き出しのため銀行に殺到しました。それに対応するため、同氏は大量の紙幣を増発しようとされましたが紙幣の印刷が間に合わず、２００円紙幣の片面だけを刷り、それを銀行の窓口に積み上げて見せたため、現金引き出しに殺到してきた人達は山積みされた紙幣の札束を見て安心して引き下がった話は有名です。

後に首相にも就任されましたが、財政上軍事費用の法外な膨張を抑えるため軍部と対立し、１９３６年（昭和11年）２・26事件、暴走軍人の襲撃で暗殺されました。

享年84歳。

私の体験から

私の小さい体験も記載しておきましょう。私の父は私が3歳の時、母は小学校入学直後、それぞれ病死しました。それから伯父一家に養育していただきました。

1957年（昭和32年）私は大学卒業後、当時10大商社の一角を占める安宅産業に入社しました。当時の安宅産業は鉄鋼部門が強く、健全財務で有名でした。

1970年代初期は、時あたかも狂乱物価時代、商社間の売り上げ競争が熾烈を極めていた時、安宅産業はカナダに新設された石油精製所の原油取引の契約取得に成功しました。しかし、この契約は完全なリスク保全が出来ない条件で締結されていたため、しばらくして市場の狂乱物価が落ち着きを見せると、同石油精製会社は大幅な赤字に転落し、安宅産業への支払いは停止され、同社に対する安宅産業の不良債権はあっという間に巨大な額に膨張し、其れが引き金となって健全財政を誇っていた安宅産業は実質倒産したのです。

私はと言えば、これを機会にどこか自社製品を売る会社に就職し自社製品を売ってみるか、或は独立してぼちぼち商権を増やしていこうかと考えていた矢先、伊藤忠商事からお招きの話があり、同社でお世話になることを決めました、1977年のことです。同社では定年まで約17年間勤務し、1994年定年時、懇意にしていた尼崎のIT企業の社長さんからお誘いを受け、役員として約20年余りそのIT企業で務め、安宅産業勤務を含めると、合計60年近い人生をサラリーマンとして勤めました。

幼い時両親に先立たれた私でも、晩年静穏な生活が送ることが出来ていることから、総合的に見れば私の生涯は幸運だったと感じています。両親があの世から見守っていてくれていたのかもしれません。

第十節　一隅を照らす

「一隅を照らす」この言葉を知ったのは、私が勤務していたIT会社に中年の営業マンが途中入社され、自己紹介の中で述べられた時です。強い共感を覚えたので調べると、この言葉は，日本の天台宗の開祖である最澄が著した『山家学生式（さんげがくしょうしき）』の冒頭にある一節で、更に源をたどると中国の古書『史記』に記載があるそうです。

一隅は片すみという意味で、一隅を照らすとは、「片すみの、誰も注目しないような物事に、きちんと取り組む人こそ尊い人である」という意味だそうです。世の中の人それぞれがこの気持ちをもって生活すると素晴らしい世界になると信じます。

私はこの言葉の持つ意味を次のように解釈していました。即ち今の時代に生を受けた私たちは次の時代に今の世界を送り届けるさだめにあります。今を生きる私達一人一人が自分の周りの人を明るくすることに努めれば、それぞれが小さい一歩を進めることが出来るし、多くの人がそれぞれそのような小さい一歩を進めれば、それが集まって大きな力となり、次の世代により良い世界を送り届けることができると思います。

私はこれを心に刻み、残り少ない生涯を全うしたいと考えています。

番外編

若い皆さんには政治に関心を持っていただくことを強く期待します。

ご参考までに２０２２年3月末時点の国際、国内の現状と課題を記述しておきます。但し以下は私の個人的理解であることを申し添えておきます。

皆さんは自分で考え、自分自身の見解を持たれることを期待します。

戦争と安全に関する世界の現状

（一）国際連盟の現状

世界中の人が等しく持っている心からの願望は、地球上の民族が一つの集合体として皆が仲良くお互い助け合いながら暮らしたいという事ではないでしょうか。それを推進してくれる国際的な機関として、多くの人は国連に期待しています。しかし現状をつぶさに観察すると、残念ながら国連はその役割を果たしているとは言えないようです。

今、国連加入国は約１９０か国強で、地球上のほとんどの国を網羅していますが、国連という国際機関は地球全体を統治する一つの完成された統治機構ではなく、各国の利害を平和裏に調整する寄り合い所帯なようなものです。換言すると、自国の安全を守るのは各国それぞれの備えに委ねられていることになります。

最大の役割である国家間の紛争の解決には、国連内に安全保障理事会が設置されていて、その紛争にどう対処するか議論はされますが、その決定は多数決方式ではなく、常任理事国と呼ばれる、米国、イギリス、フランス、ロシア、中国の5大国が実質的な決定権を持っていて、安全保障理事会の意志決定は同5か国の全会一致が条件となっています。

しかし、現在の国際情勢を反映して、この常任理事国間の利害が対立しているため常任理事会の全会一致を見ることは極めて稀で、残念ながら国連は期待される機能を発揮していません。その象徴的な出来事は、今ウクライナで起きているロシアによる同国に対する一方的な軍事侵攻です。

ロシアによるこの軍事侵攻を阻止しようとして安保理事会を開催しても戦争当事国であるロシアが拒否し、それに同調した中国が棄権し、必要な決議に至りませんでした。ミャンマーで起きた軍人によるクーデター、長年続いているイスラエル・パレスチナ問題、アフリカや中南米で続発している軍部のクーデター、北朝鮮の日本人拉致被害者救済問題、中国が南アジアで進めている国境を無視した自国拡張、等々の解決に関し、同様の理由で国連は殆ど無力です。

他にも国連の欠陥を指摘すると、国連の意志を決める投票権は1国1票です。小さい国と巨大な国が同一効力の投票権を持つことは、大局的に見た場合、大きな矛盾を内包しています。又、国連が成立した時の第2次大戦後の戦勝国のみが、安全保障理事会の常任理事国のメンバーであることも偏りを感じます。とはいえ世界的な正義を求めようとすれば、今のところ国連しかないわけで、今後時間をかけて国連のあるべき形に改正していく努力が、世界にとって最も必要なことの一つであると考えます。

(二) 中国の台頭と不安定要因

1945年第2次世界大戦が終結して以来、70年以上世界で大きな戦争は起きませんでした。

色々な理由はあるでしょうが最大の原因は第2次大戦後、圧倒的な軍事力と経済力を持つアメリカが世界の警察官としての役割を果たしてきてくれたからです。（この間、キューバ危機がありました）

しかし、長年、世界の警察官としての役割には多大の軍事費が必要で、特に中近東で幾多の紛争に介入してきた米国は、流石に経済的に疲弊しはじめたところ、中国が経済的・軍事的に台頭し、米国に匹敵する、世界の2大大国のひとつとなりました。中国は第2次大戦後も長年経済的に低迷していましたが、1990年ころ採用した市場開放政策により、世界から資本と技術を取り入れ、中国人民の努力もあって、中国共産党政権下で中国は圧倒的な経済的、軍事的大国にのし上がりました。

これは最貧国水準で苦しんでいた多くの中国国民を経済的に大きく救済した功績がある一方、今や世界の2大大国になった中国は、色々な問題を世界に投げかけています。最大の問題は、大国となった中国がこれまで世界の合意によって培われてきた世界秩序を無視し、力による膨張政策で世界平和に対する脅威国となりつつあることです。

実例は南シナ海でこれまで国際的に定められた国境線を無視し、他国の領土内で軍事基地を建設したこと、英国と結んだ「50年間香港自由主義経済を守る」という約束を破棄したこと、又新疆ウイグル自治区では、ウイグル族に対する中国政府の過酷な弾圧が報じられていることなどです。

更に、戦争危機に関する今世界最大の焦点の一つは台湾と言われています。中国は台湾を中国の一部とみなし、これを併合すると主張していますが、現在、台湾の政治体制は民主主義体制であり、現在の台湾国民の多数派は、台湾が中国の共産主義体制に組み入れられることを頑強に拒否しています。

米国をはじめとする民主主義国は、台湾が自発的且つ平和裏に中国と統一されるのであれば同意するが、台湾が反対しているにもかかわらず、中国が武力により併合を強行すれば、それに反対すると表明しています。米国がどのような方法で反対するかは注目されるところです。

(三) ロシア大統領プーチン氏の不気味な動向とウクライナ紛争

２０１４年2月、プーチン大統領はそれまでウクライナの領土であったクリミア半島を、法的根拠ないまま武力により占拠しました。この地方に住むロシア系住民に対するウクライナ政府の弾圧を排除するためと称して、この進軍を正当化しようとしています。

２０２２年2月後半、ロシアはウクライナ軍事施設の爆撃を宣言し、同国全土への侵入を開始しました。プーチン大統領の表面的主張は、ウクライナ東部のドネック州、ルガンスク州に住むロシア人を保護するためと表明していました。

しかし、その本当の狙いは、１９８９年後半ソビエト連邦の崩壊後それまでソ連邦に属していた東ヨーロッパ諸国の多くがNATO（北大西洋条約機構）に加入し、最後の緩衝地帯である隣国ウクライナもNATOへの加入を希望したため、プーチン大統領は、この動向に歯止めをかけようとしたものだと言われています。

プーチン大統領は、ウクライナは数日で降参すると予想していましたが、ウクライナのゼレンスキー大統領が頑強な抵抗を見せ、多大な犠牲を受けながらもウクライナ国民は一致団結して抵抗しています。世界の民主主義国はこぞってこのロシアの侵入に反対し、ウクライナへ医薬品、食料や兵器の支援をし、次第に民主主義陣営対専制国家ロシアとの対決に発展しようとしています。

２０２２年3月初め国連総会でロシアのウクライナ侵入の即刻停止が建議されたところ、賛成１４０ケ国、反対５ケ国、棄権は中国を含む34ケ国となり、圧倒的多数がこの提案に賛成しました。しかし、常任理事国であるロシアは世界の人々の願いを無視し、プーチン大統領はウクライナ侵攻を続けています。本年3月30日、すでに４００万人近いウクライナ人が周辺国に避難しています。本紛争は目前に迫った世界最大の戦争危機です。

（四）核兵器の恐怖

人類の平和に立ちふさがるもう一つの脅威は核兵器の存在です。原爆が世界で実際に使用されたのは第2次世界大戦の末期米国が広島、長崎に投下したのが最初であり最後でした。其のあまりにも巨大な破壊力、無差別的殺傷力のため、核保有国の自覚もあって、その後の核兵器利用は発生しておりませんし、国連が中心となって原爆保有国を制限しようとしています。

その具体的施策として、国連は世界で核兵器を保有できる国を既存の、米国、ソ連（ロシア）、中国、イギリス、フランスの5か国に限定し、それ以外の国には新たに核兵器を所有することを禁じ、他方核保有を認められた5か国は原則核兵器を使用しないことを約束しています。ただし、この国際条約を破って核兵器保有国になったのが、イスラエル、インド、パキスタン、北朝鮮です。イランも核兵器の開発を計画していますが、それを抑えるべく欧米諸国が交渉を続けています。

本年2月発生したロシアによるウクライナ侵攻で、ロシアのプーチン大統領は核の使用を間接的にほのめかす一方、米国は世界核戦争になることを回避するため、ウクライナ紛争で直接ロシアと対決することを避けています。いずれにせよ、ウクライナ紛争を契機に核問題が世界危機の潜在的最重要課題の一つに浮上しました。その対応をめぐって、今こそ、人類の英知が問われています。

（五）イスラム過激派組織の勢力

もう一つ世界の危険要因と目されているのがイスラム超過激派組織です。今世界の人口は約

78億人強、キリスト教徒は23億人強、イスラム教徒は16億人強と推計されています。

イスラム教徒の大半は他宗教民族と平和裏に共存していますが、ごく一部にアルカイダと称される超過激派一団がいて、彼らが国際的テロ組織を結成し、世界中に恐怖をまき散らしました。その遠因は、アメリカが２００４年イラクに出兵し、フセイン政権を倒した後、多くの兵力をイラクから撤退させた時、その間隙をついてアルカイダが結成されました。


其の人道を無視した極悪な暴力行為が世界を震撼とさせる一方、巧みな宣伝で多くの若者を世界中からリクルートし、勢力を拡大し、一時期世界を恐怖に巻き込みました。

しかしそのあまりにも過激な行為にイスラム教徒内での信頼まで失い10年後の今は影を潜めています。ただ世界にはその残党が残存し、再び世界の火種になりえないとも限りませんので要注意です。

その他の世界的共通課題と国連の役割

国連は次のような世界共通課題に関し、重要な役割を果たしています。

（一）気候変動問題

気候変動に関しては特別の機関を設置するのではなく、条約を締結して締結国がそれぞれ自国の気候変動対策目標をコミットするという方式を採用しています。著名な条約に１９９７年採択された京都議定書があります。そこでは温室効果ガスを２００８年―２０１２年に１９９０年に比較し約５％削減することを取り決めました。

２０１５年パリで締結された議定書では世界の平均気温上昇を産業革命前と比較し１・５％以内の上昇に抑えるという努力目標を採択しました。この問題に関しては、既に成長を終えた先進国と発展途上国との間に思惑の違いがあります。

発展途上国の主張は「発展途上国は今経済活動を活発にしなければならないし、その為にはある程度ＣＯ２の排出は止むを得ない、他方先進国は、ＣＯ２が環境問題として取り上げられる前に、工業発展を遂げているので、ＣＯ２削減に関する両経済圏が同じ責任を待つのは不公平である。」という主張があることを指摘しておきます。

（二）コロナ問題

２０１９年12月中国武漢で発生したとされるウイルス、通称名COVID-19対応です。これは国際保健機構、通称WHO（World Health Organization）が中心となって各国の対策を支援しています。国連の発表によると２０２２年3月16日現在で世界の累計感染者4億６１６４万人、累計死者６０５万人と報告されています。

（三）難民問題

私達の記憶に新しいのは、シリア紛争で発生した大量難民、アフリカで発生した大量の難民が、ヨーロッパに逃れ、ヨーロッパが大きく揺らいだこと、ごく最近ではウクライナ紛争の結果何百万という大量の難民が発生しています。

日本も人道的見地からこれらウクライナからの難民受け入れに協力しているところです。ここで記録しておきたいのは、日本人として初めて国連難民高等弁務官（任期1991年―2000年）を務められた、緒方貞子さんのことです。

緒方貞子さんの功績は、難民が発生している紛争地帯に、危険を顧みず自ら飛び込み、現場を視察し「人命を救うための最善の選択」という基準のもと、これまでの慣行を踏襲せず、現場の状況に応じて柔軟に判断を行われたことです。その功績は世界で高く評価され、後に「小さな巨人」と呼ばれ世界的な賞賛を得られました。

（四）最貧困問題

国連が最貧国と定めている基準は、国民一人当たりのGNI（Gross National Income）が1・081米ドルとなっています。国連はこれらの国を後発開発途上国と呼び、これら後発開発途上国の分布は、現在、アフリカで33か国、アジアで9か国、その他、中南米諸国、中央アジアにも多く存在しています。以前最貧層の多かったインドや中国では、その目覚ましい経済発展の結果、其の数は急激に減少しています。中国の統計によると、中国農村で最貧困とみられていた人口は2010年1600万人から2018年2000万人へと大きく減少しています。

国連は持続可能な開発目標（SDGs）を提唱し、その第一目標である「貧困をなくそう」を2030年までに達成することを目標としています。日本政府はそれに協力する形で「アフリカ開発会議」を開催し、JICA（国際協力機構）はODA（政府開発援助）を通じてアフリカの経済発展に協力しています。

（五）国際貿易の促進

世界の自由貿易促進のために、国連は大きな役割を果たしてきました。その中心となったのが、1995年に設置されたWTO（世界貿易機関）です。その主たる役割は、貿易障害となっている各国の高率な輸入関税や輸入禁止の法令を出来るだけ削減することでした。しかし2000年代に入ってから、先進国と途上国が対立し、其のWTOによる自由化促進運動は衰退し、代わって、2国間の貿易協定であるFTA（自由貿易協定）、其れよりさらに包括的な協定であるEPA（経済連携協定）が、利害を共通する国々の間で締結されるようになりました。

一方、国連は国際仲裁裁判制度を立ち上げ、貿易における紛争を公平に処理すべく務め、加えて、国際貿易条件の統一を図るためインコタームズ（貿易取引条件の解釈に関する国際規則）を設定し、国際間の貿易促進に貢献しています。

日本の課題

（一）経済

１９５６年池田内閣が成立すると、同首相は所得倍増計画を打ち立て、僅か7年でその目標を達成し、日本経済は最盛期を迎えました。１９５６～１９７２年は年間成長率平均９．３％

を達成し、高度成長期と呼ばれました。続く1973～1995年の成長率は平均3．4％を堅持し、安定成長期と呼ばれました。しかし、GDPは米国に次いで世界2位、ジャパン・アズ・ナンバーワンと呼ばれた日本経済最強時代は終わり、1995年から約25年間経済の成長はゼロに近く、超不況時代を経験しました。この間1973年には第一次オイルショック、2007～2008年にはリーマンショックを経験しております。

他方、市場開放を実現した中国は其の後約20年間の長期にわたり年間経済成長率10％を達成、2010年にはGDPで日本を抜き、今や日本GDPの3倍に達しています。

この間、先端技術開発や産業のコメと言われる半導体生産分野でも、日本は、台湾、中国、韓国に先行され、経済の牽引力を失っています。

2012年発足した第2次安部内閣では、物価上昇率目標を2％と定め、金融緩和政策を推進し、経済の停滞に歯止めをかけることに成功しましたが、国民所得が伸びず、市場購買力の不足で物価は停滞したままです。

２０２１年10月に発足した岸田内閣は、其れまで提唱されてきた「先ず経済を成長させ、その結果として分配を伸長させる」という方針から、「成長と分配を同時に並行進行させ、分配と成長の好循環を計る」と約束しています。日本GDPの内、国内消費が60％以上を占める現在、分配が国内市場を拡大し、それによって産業が成長し、産業が成長することによって分配が増進するという好循環を目指しています。この方針は一つの方向性を示していると思えますが、その結果を生み出す具体的に有効な政策は未だ見えていないのが現状です。有効な成長戦略を駆使し、その結果として分配向上の実績が出せるかどうか注目してみたいところです。

（二） 外交と国防

第二次世界大戦終結後、日本の国防と外交に関し、歴代自民党政権が基本方針としてきたのは日米安保の堅持です。日米安保条約は、1952年当時の吉田首相によって、サンフランシスコ平和条約と同時に調印されました。この日米安保条約は、1960年1月、岸信介首相によって改定されました。其の実質的内容は、日本側は米軍に基地を提供し、米国は日本の安全に協力するというものです。しかしこの条約では、日本を攻撃してきた敵国から、米軍が攻撃を加えられても、日本は米軍への軍事的支援が出来ない片務条約でした。2015年10月安倍内閣は安保法制を成立させ、限定された集団的自衛権の行使を可能にしました。この法律によれば、日本が万一敵国から攻撃を受け、日本防衛のため米軍が出撃して日本の敵国と闘う場合、日本の自衛隊は米軍に協力できることを定めました。この条約に対し野党や多くの学者が強い反対運動を展開し、大規模な国内紛争を巻き起こしましたが、この法律の成立のお蔭で日米安全保障条約は強化され、日本の国防に大きく役立ったと多くの国民が納得しています。現在の自民党、岸田政権はその政策の延長線上にあります。

国防予算に関しては、自民党はこれまで国民総生産の１％以内を不文律としてきました。世界の安全、とりわけ東アジアでの安全環境が大きく激変している昨今、岸田内閣ではこの不文律に制約されないことを公約し、今後、国防予算を、世界標準と言われているＧＤＰ比２％の金額まで、引き上げることを目指しています。ロシアによるウクライナ侵攻を目の当たりにした日本国民の多くは、防衛はすべて米国に頼るというこれまでの幻想的希望から目覚め、且つ自分の国は自国で守りという当たり前の常識が国民の間に芽生えてきた結果でしょう。これに関連し、日本が自衛力を大きく強化するためには、憲法改正論議は避けて通れない課題だと思います。

（三）コロナ

日本が直面している緊急の課題は、外国と同じくコロナ対策です。２０２０年2月、日本に上陸したコロナは日本でも猛威を振るい、約2年を経過した２０２２年3月末現在、日本での感染者数累計は約６５０万人、累計死者数は約2．８万人となっています。コロナは時の経過とともに変種が発生し、其の変種の発生ごとに感染者数が大きく増大し、流行に関し一種の波型を形成しています。日本における新規感染者数（第6波）のうねりは下降に転じましたが、ここ数日それが底打ちし、新規感染者数は再び上昇に転じており、新たな変種の蔓延で第7波が訪れる危険が指摘されています。

日本の課題（長期的）

（一）人口減少対策

近年日本の総人口は毎年何十万人という単位で減少しています。その原因は出生率の極端な低下によるものです。２０２０年の合計特殊出生率（其の年次の15歳～49才までの女性の年齢別出生率を合計したもの）は、１・33人です。その遠因を探ると、若年層の低所得、核家族制度への急速な移行による家族単位の子育て環境の劣化、過重な勤労で若い人の出会いの場の減少なども考えられます。極言すればこれが日本における最大の危機かもしれません。為政者は内容をよく調査し、人口減少を食い止めるための大胆な具体策を講じ、その為に必要な積極的財政出動を図るべきと考えます。

（二）食料の自給率向上

令和元年のカロリー・ベースで計算した食料自給率は38％と報告されています。これまでその不足分は輸入に頼っていましたが、今世界的分断が進む中で、自給率の向上は、日本の安全対策上からも必要不可欠な課題です。

（三）自国資源の開発

日本は産業の根幹であるエネルギーや希少金属（レアメタル）の供給は輸入に頼ってきました。これを自国で調達するためには、日本周辺に眠っている海底資源の開発が不可欠です。海底資源の開発には海底圧力が強く、これまで技術的に採掘不可能と言われてきましたが、近年人工知能を登載したロボットが開発され、技術的突破口が開かれようとしています。

(四) これら短期・長期的課題の解決を可能とするための科学技術の開発が同時並行して行われることが又極めて重要です。

あとがき

人生の夕暮れ時がやってくると、これから先は時の流れに身を任せる気持ちが強くなる一方、人間の祖先に関しそこはかとない興味が湧いてきます。若いときは全く無関心であった人類の古代史に興味を持つようになり、古代中国の夏、殷、周時代、古代インダス文明、ペルシャ帝国の歴史だけでなく、最近世界的な評判となったユダヤ人、歴史学者、哲学者の作によるサピエンス全史を読んで、５００万年前に誕生したとされる猿と似通った元祖・人類にも、又古事記、日本書紀、等を通じて古代大和朝廷の成り立ちにも興味が湧きます。人生最後の興味は自分のルーツに向かうのでしょうか。

この本の内容は、私の人生体験から感じた私の思いを整理したものであり、それに関連し、その時々、人生の道案内となった賢人達の言葉も幾つか引用させていただきました。

今思うことは、人間だれしも無限の可能性をもってこの世に生まれてくるが、この世にうまく適合して生きていくためには、自分でその可能性を実現化することが必要ではないか、そしてその実現化のためには、各自が合理的な努力を尽くさなければならないのではないかという事です。

世界はこれまで刻々と変化してきました。今を生きる私たちは今の世に適合して生きていかねばなりません。しかし、生まれたままでは、うまく現世に適合できるとは限りません。自分を成長させるための強い意志と実行することが、必要不可欠だと思います。

私もそうでしたが、若いころは優れた友人たちと比較して、自分を卑下しがちになります。

自分には、決断力が欠けているとか、引っ込み思案であるとか、集中力が無いとか、何をやっても長続きがしないとか、考えれば色々出てきます。しかし、そこで諦めてはいけません。性格は願った方向に必ず進化させていくことができるのです。自分が望ましいと思う方向に、思い切って一歩踏み出してください。一歩踏み出したら継続して下さい。継続して実行することにより、次第にそのような弱い心から必ず卒業できます。最初は表面的だけでもよいのです。内心びくびくしていても構いません。そして一歩踏み出したらそれを継続して実行して下さい。継続して実行する事こそが最大の武器です。繰り返し実行すれば、必ず、いつかは自分の願った人格へたどり着くことができます。最大の敵は自分には出来ないと諦めることです。継続して実行すれば必ず成功すると信じて進んでください。そうして自分の準備を整え、後は天から与えられる幸運を静かに待ちましょう。

現在の世界や日本の情勢についても少し触れました。今後30年50年と経てば、世界の情勢は私の想像を絶するような変化を遂げるでしょう。近未来におけるその最大要因は人工知能の発展ではないかと想像しています。いずれにせよ、それが皆さんにとって良い方向に向かって進んでいくことを心から願ってやみません。

上森義美
昭和8年（1933年）和歌山市で生まれる。
昭和32年（1957年）山口大学経済学部卒業、同年安宅産業に入社。同社では、ボンベイ市（インド国）に駐在2回、テヘラン市（イラン国）に駐在1回。昭和52年（1977年）伊藤忠商事と安宅産業合併時から伊藤忠商事に勤務。同社ではボンベイ市に駐在1回、伊藤忠テクノ・サイエンス社に出向し、定年を迎える。
平成5年（1993年）IT企業、フジデーター・システム社に入社。5年後、インドIT企業の代理店を5年間運営したのち、同社に再入社し、平成30年（2018年）同社を退社。現在、貿易アドバイザー協会に所属。「5人の商社マン海外奮闘記」を共著した。

大丈夫、なんとかなる
2023年4月8日　第1刷発行

著　者――― 上森義美
発　行――― つむぎ書房
〒103-0023　東京都中央区日本橋本町2-3-15
https://tsumugi-shobo.com/
電話／03-6281-9874
発　売――― 星雲社（共同出版社・流通責任出版社）
〒112-0005　東京都文京区水道1-3-30
電話／03-3868-3275

ISBN 978-4-434-31132-1